Flüchtlinge auf dem Lehrter Bahnhof, Berlin-Tiergarten, 1945

Fritz Eschen

Berlin unterm Notdach

Fotografien 1945–1955

Herausgegeben von Mathias Bertram und Jens Bove
im Auftrag der Deutschen Fotothek

Lehmstedt

Bildredaktion und Buchgestaltung: Mathias Bertram, Berlin
Herstellung: Westermann Druck Zwickau GmbH

ISBN 978-3-937146-78-2

Verlagsinformationen: www.lehmstedt.de

Vorbemerkung

Fritz Eschen wurde am 19. Januar 1900 als Sohn eines jüdischen Kaufmanns in Berlin geboren. Bis zu seinem 28. Lebensjahr sah es ganz so aus, als würde er die Familientradition bruchlos fortsetzen. Durch die Einberufung noch kurz vor dem Ende des Weltkrieges um sein Abitur gebracht, begann er nach der Kapitulation und den Revolutionswirren eine kaufmännische Ausbildung und arbeitete dann in der Lebensmittelindustrie. Der Höhepunkt seiner beruflichen Karriere schien erreicht, als er 1927 die Tochter des ebenfalls jüdischen Inhabers der Berliner Privat-Telefongesellschaft heiratete und bald darauf vom Schwiegervater zum Juniorchef berufen wurde. Doch zur gleichen Zeit begann er, »nebenbei« zu fotografieren. Eschen wurde zu einem durch Berlin streifenden Bohemien mit besten Kontakten zu Persönlichkeiten des politischen und künstlerischen Lebens und entwickelte sich in kürzester Zeit zu einem der Pioniere des deutschen Bildjournalismus. Seinen zahlreichen, zwischen 1930 und 1933 in verschiedenen Illustrierten, Magazinen und Rundfunk-Zeitschriften erschienenen Reportagen ist förmlich anzusehen, wie froh er war, als freiberuflich tätiger Bildreporter dem offenbar höchst ungeliebten Büroalltag endlich entronnen zu sein.

Doch als Jude wurde Eschen 1933 aus dem Reichsverband der Deutschen Presse ausgeschlossen und war damit de facto mit einem Berufsverbot als Pressefotograf belegt. Bis 1934/35 gelang es ihm zwar, seine journalistische Publikationstätigkeit, vor allem über die amerikanische Agentur Associated Press, in gewissem Umfang fortzusetzen, auch erschienen – überwiegend ältere – Aufnahmen bis um 1939 in verschiedenen Publikationen, seinen Lebensunterhalt verdiente er ab 1936 jedoch unter immer schwieriger werdenden Bedingungen durch Lehrtätigkeiten. Ab 1941 mußte Eschen Zwangsarbeit für die Firma Marcus-Metallbau in Berlin, später für die Reichsbahn leisten, doch bewahrte ihn die »privilegierte Mischehe« mit Lipsy Thumm, die 1933 seine zweite Frau geworden war, vor der Deportation. Im Zuge der sogenannten Fabrikaktion vom 27. Februar 1943 wurde er zwar verhaftet und zur weiteren Überprüfung in das Sammellager Rosenstraße gebracht, aber wie die meisten anderen Gefangenen dieser Aktion nach öffentlichen Protesten von Angehörigen – auch dem seiner Frau – wieder entlassen. Seine erste Frau Rose und der gemeinsame Sohn Peter dagegen wurden in Auschwitz ermordet.

Die Kapitulation bedeutete für Fritz Eschen schlicht Befreiung, die Jahre von 1945 bis 1955 waren für ihn die Zeit des Wiederbeginns, allerdings kaum im Sinne des kämpferischen »Trümmer und Trotzdem«, das Günther Matthes später als Motto für Eschens populären

Bildband »Junges altes Berlin« wählte. Eschen blieb ein eher distanzierter Beobachter des Neuanfangs. Neben Erinnerungsfotos für alliierte Soldaten und Aufnahmen im Auftrag des Stadtkommandanten traten schon bald wieder Veröffentlichungen in nahezu allen neu gegründeten Berliner Zeitungen und Illustrierten, unter anderem im »Kurier«, in der »Neuen Berliner Illustrierten«, in der »Neuen Zeitung«, deren Ressortchef Bild er zwischen 1952 und 1955 war, im »Tagesspiegel« oder im »Telegraf«. 1946 wurde Eschen Vorsitzender der neu gegründeten, zonenübergreifenden »Arbeitsgemeinschaft der Bildreporter« im Verband der Deutschen Presse.

Mit den Alliierten kehrte die Tradition des Bildjournalismus in das Land seiner Entstehung zurück. Eschens Nachkriegsaufnahmen haben jedoch nicht mehr die unbeschwerte Leichtigkeit der früheren Reportagen über Segelfliegen, Trabrennen oder das Kino; der ihm einst eigene zivilisatorische Optimismus, der die Polarisierung der Weimarer Gesellschaft weitgehend ausgeblendet hatte, fand sich nun deutlich sichtbar um eine soziale Dimension erweitert. Eschen lieferte jedoch weiterhin unspektakuläre, »schöne Bilder« (Klaus Eschen), die sich aber durch die Verdichtung zeitgeschichtlicher und kontextueller Ebenen auszeichnen. Die besondere Anziehungskraft der nach 1945 aufgenommenen Bilder beruht dabei nicht nur auf ihren formalen Qualitäten, sondern vor allem auf der diskreten Präsenz des Fotografen. Nach Eschens dem Berufsverbot als Journalist geschuldeter Konzentration auf die Architekturfotografie in den dreißiger Jahren, insbesondere auf die Dokumentation der Kunsttopographie Berlins und Potsdams, geriet mit seiner Rückkehr zum Bildjournalismus wieder der Mensch mit seiner Umgebung in den Mittelpunkt seines Interesses: »Ich fotografiere Menschen gern« betitelte Eschen 1947 einen Beitrag im »Foto-Spiegel«. Bei seinen Erkundungen ließ Eschen kaum einen Bereich des öffentlichen Lebens aus. Er beobachtete das Kulturleben – Zirkus, Kino, Kabarett, Oper –, fotografierte in der Berliner Charité, dokumentierte Enttrümmerung und Wiederaufbau, Arbeitslosigkeit und soziales Elend, Handel und Schwarzmarkt. Seine Fotografien zeigen Kriegsversehrte und Flüchtlinge, Arbeitende und Flaneure und immer wieder spielende Kinder als die eigentlichen Herren der Stadt. Die Aufnahmen zeugen von Eschens Selbstverständnis als Chronist des Alltags. Tagespolitik, aber auch die den Wandel und die Neuformierung Berliner Lebenswirklichkeit nach 1945 bestimmenden politischen oder historischen Faktoren – die Aufteilung in vier Sektoren, die Blockade Westberlins als Reaktion auf die Währungsreform, die Luftbrücke sowie die Gründung zweier deutscher Staaten und die damit verbundene Verfestigung des Kalten Krieges – bilden allenfalls einen äußeren Bezugsrahmen seiner Fotografien. So spiegeln seine Aufnahmen zwar auch die geschichtliche und soziale Entwicklung der Stadt, öffnen aber in erster Linie den Zugang zum »Fundus der politischen und ideologischen Selbstverständlichkeiten einer Epoche« (Hartewig), vermittelt durch die vielschichtige, aber stets subjektive Sicht des Fotografen: »Während mehrerer Jahrzehnte ist die Kamera in meiner Hand ein untrennbarer Bestandteil meines Daseins geworden«, resümierte Eschen 1959. »Sie hielt fest, was mich beeindruckte und bewegte. Alles andere als ein toter Mechanismus für mich, lebte und lebt sie mein Leben mit mir. Mit gutem Gewissen können wir beide von uns behaupten, daß weder ich sie – noch sie mich enttäuschte. Uns kam es nur darauf an, stets wahr zu sein, dagegen nie, etwas umzudeuten.«

Dieser Anspruch war bei Eschen jedoch stets frei von Dogmatismus, vielmehr verfolgte er einen dialektischen, nicht selten von subtilem Humor geprägten Ansatz. Die erste Doppelseite unseres Bandes zeigt das Lessing-Denkmal im abgeholzten Berliner Tiergarten mit Blick auf den zerstörten Reichstag (S. 10/11), ein Bild, das sich ebenso als Symbol der in Deutschland so kläglich gescheiterten Aufklärung wie als Signal eines Neubeginns lesen läßt. Ebenso vieldeutig sind die beiden amerikanischen Studentinnen, die auf dem Balkon der Neuen Reichskanzlei triumphale Aufmärsche Revue passieren lassen und sich in vergangenen Gesten üben (S. 13). Anders als die in zeitgenössischen Bildbänden wie »Gesang im Feuerofen. Köln – Überreste einer alten deutschen Stadt« von Hermann Claasen (1947) oder »Dresden – eine Kamera klagt an« von Richard Peter sen. (1950) publizierten Ruinenfotos meiden die Aufnahmen Eschens jegliches Pathos. Ihre aus Distanz erwachsende Nüchternheit wurde bereits in der zeitgenössischen fotografischen Diskussion hervorgehoben. Anders als Claasen und Peter oder als Herbert List in München versuchte Eschen nicht, ästhetische Reize zu betonen oder melancholische Ruinenstimmungen einzufangen. Seine Aufnahmen zeugen stattdessen von einem – wie Klaus Eschen 1989 formulierte – »eigenartigen Gefühl von ›Unbetroffenheit‹ gegenüber dem Geschehen um ihn herum« und lassen dabei immer wieder einen geschärften Blick für Absurditäten erkennen. So etwa, wenn Eschen im Dezember 1945 zwei junge Damen fotografiert, die ganz ohne Arg auf einer Bank sitzen, über der immer noch die demütigende Inschrift »Für Juden verboten« prangt, und in der neu gegründeten Zeitschrift »Sie« des jüdischen Verlegers Ullstein lesen.

Obwohl Eschen allen Grund dazu gehabt hätte, spürt man in seinen Aufnahmen kaum Abscheu vor seinen Zeitgenossen, allerdings auch nur in wenigen Fällen offenkundige Sympathie. Wirklich nah kommt er nur Kindern, fotografiert sie aus geringerem Abstand und stellt Blickkontakt her (S. 33). Gelegentlich weicht die für ihn typische Distanz deutlich spürbarer Empathie (S. 64). Wunsch und Wirklichkeit kindlichen Alltags stehen sich mit den Kindern vor der Schaufensterscheibe eines Spielzeugladens (S. 71), dem Spiel in den Ruinen (S. 72) oder dem Sammeln von Brennmaterial (S. 83) gegenüber. Der augenfälligen Ruhe, die viele Aufnahmen aus der Lebenswelt Erwachsener kennzeichnet, steht die den Betrachter frontal anblickende Gruppe selbstbewußter Arbeiterkinder (S. 85) entgegen.

Dieser stille Wechsel von Perspektiven trifft auch für ein Thema zu, das sich wie kein anderes durch sein gesamtes Schaffen zieht: Keinem Gegenstand hat Eschen häufiger Reportagen gewidmet als den Lokomotiven, Bahnhöfen und Schienen. »Eschen mochte die Welt der Bahnhöfe, diese Welt aus Stein, Eisen- und Kohlegeruch, das Zischen und Tuten, den Dampf und die Bewegung. Er mochte vor allem die Menschen: die Reisenden wie die Bediensteten und die Arbeiter, alles Garanten verläßlichen Fortschritts« (Janos Frecot). Zudem war die Reichsbahn über Jahre verläßlicher Abnehmer seiner Eisenbahnaufnahmen. Eine davon wurde 1934 als eines von 128 Fotos (von 134.000 eingereichten) in der renommierten Jahresschau »Das Deutsche Lichtbild« veröffentlicht. Noch 1941 erschien sein Bild »Freie Fahrt!« auf Blatt 1 des »Deutschen Reichsbahnkalenders«. Wenig später mußte Eschen im Lehrter Bahnhof Zwangsarbeit für die Reichsbahn leisten und wurde zusammen mit dem Verleger Heinz Ullstein zur Reinigung von Eisenbahnwaggons eingesetzt.

Die im August 1945 an gleicher Stelle fotografierten Flüchtlinge (S. 26, 27) werden von Eschen nüchtern beobachtet, kein Triumph des vormals Unterdrückten ist erkennbar, aber auch nicht Empathie oder Klage. Die wartende Ruhe bietet den größten Kontrast zu den bekannten früheren Aufnahmen. Von der Mondänität der Vorkriegsreisen, den eleganten Gesellschaften im Mitropa-Speisewagen sind diese Reisegesellschaften denkbar weit entfernt. Den beiden unsicher, aber nicht ohne Zuversicht in die Zukunft schauenden Heimkehrern im gleichen Bahnhof (S. 30) kommt er erstaunlich nahe, Ressentiments sind auch hier nicht erkennbar. Ganz anders wirken die reisenden Alten auf einem anderen Bahnsteig: er blind, sie abgewandt (S. 25). Die Agonie der Szene wird von der von links energisch ins Bild tretenden Frau noch verstärkt.

Fortschrittsglaube und Dynamik, die für die frühen Aufnahmen kennzeichnend sind, fehlen auch den Aufnahmen von der Fahrkartenverkäuferin (S.45) oder den Arbeitern im Reichsbahnausbesserungswerk (S. 46, 47). Es scheint, als wollten sie Eschens Fazit aus »Ich fotografiere Menschen gern« illustrieren: »Der Mensch ist und bleibt für uns das interessanteste Problem unseres Daseins und von allen Rätseln, die wir zu lösen bemüht sind, das größte und schwierigste.«

Einen weiteren Schwerpunkt seines Interesses bildete die lebendige Berliner Kulturszene, die sich nach dem Ende der Repressalien der NS-Zeit neu formierte. Neben Aufnahmen aus Reportagen über die Nationalgalerie (S. 92), über die Hochschule für Bildende Künste (S. 97) oder von der Plakatierung zur Wiedereröffnung der Deutschen Staatsoper (S. 28) sind es nicht zuletzt die u.a. in der »Neuen Zeitung« veröffentlichten Porträts zeitgenössischer Maler, Plastiker, Zeichner und Karikaturisten, die für diese Schaffensperiode kennzeichnend sind. Vergleicht man die Bilder beispielsweise von Karl Hofer (S. 96) oder Gottfried Benn (S. 163) mit Aufnahmen von befreundeten Schriftstellern und Publizisten wie Friedrich Luft (S. 100) oder Erich Kästner (S. 102), so sind unterschiedliche Grade von Sympathie für die Protagonisten aus Kunst und Kultur durchaus ablesbar, aber, so Eschen 1947, »obenan steht die Beobachtung, wie stark der Beruf den Ausdruck des Gesichts und die ganz Körperhaltung des Menschen formt. Besonders reizvoll ist das Studium von Augen und Händen.«

Eschen selbst hat sein Werk nur selten kommentiert, gelegentlich aber Beiträge zu ästhetischen und technischen Fragen publiziert. Neben dem bereits zitierten Text zur Porträtfotografie findet sich unter dem Titel »Nächtliche Entdeckungsreisen« im »Foto-Spiegel« von 1947 ein Artikel zu Nachtaufnahmen, der unter anderem mit der Aufnahme einer nächtlichen Streife der Alliierten (S. 57) illustriert ist. »Die Auswahl des Motivs für ein Nachtfoto«, erläutert Eschen, »muß so getroffen werden, daß das Ergebnis später nicht wie eine unterbelichtete Tagesaufnahme wirkt, man muß daher immer darauf achten, daß eine künstliche Lichtquelle, eine Laterne oder von innen erleuchtete Fenster mitfotografiert werden. [...] Wer das Glück hat, die nächtliche Motivsuche mit einem Auto unternehmen zu können, kann mit dem Scheinwerferlicht, das auf das Motiv gerichtet ist, oft feine Lichtwirkungen für die Aufnahme erzielen.«

Die Nachtaufnahmen von 1946 knüpfen formal an seine häufig gedruckten Nachtreportagen bei der Reichsbahn an, aber auch an die Nachtaufnahmen, die er nach 1933 im Rahmen seiner kunsttopografischen Exkursionen angefertigt hatte. Insofern sind sie als Konstante innerhalb seines Werkes aufzufassen. Im Kontext seiner Reportagetätigkeit nach 1945 sind sie jedoch als eher untypisch zu betrachten: »Nachtaufnahmen,« so Eschen weiter, »bringen durch die eigenartige Mischung realistischer und romantischer Elemente das Gespenstische der heutigen Großstadt-Situation besonders eindrucksvoll zur Geltung.« Eschen beschränkt sich bei diesen Aufnahmen nicht wie sonst oft auf das Beobachten, sondern will Stimmungen erzeugen. Allerdings fragt es sich, ob dieses »Gespenstische« nicht als eine Variante der symptomatischen Distanz des Fotografen zu seinem Gegenstand zu verstehen ist.

Es gehörte zum Wesen der Kunst Fritz Eschens, die persönliche Beziehung des Fotografen zum abgebildeten Objekt nicht oder nur mittelbar ins Bild zu setzen. Gleichwohl war diese Beziehung für Eschen von entscheidender Bedeutung: »Das Fotografieren beginne und ende mit dem Sehen«, forderte er 1959 in »Camera in meiner Hand«. »Sehen und Sehen sind zweierlei. Es gibt ein Sehen, das nur die Netzhaut des Auges reizt, ohne in das tiefere Bewußtsein einzudringen. Wirkliches Sehen fordert absolute psychische Empfangsbereitschaft, es versucht, eine persönliche Beziehung zum Erschauten herzustellen. Nur hier allein liegt das persönliche, oder wenn man will, das künstlerische oder schöpferische Moment der Photographie. Kurz gesagt: Hier offenbart sich die Persönlichkeit des Photographierenden.«

Entgegen der Selbstwahrnehmung Eschens, der noch 1959 betont hat, wie die meisten seiner Berufskollegen sei er »Autodidakt und Photoamateur« und dies habe »für den Beruf des Bildjournalisten seine großen Vorteile«, hatte sich der 1964 Verstorbene in den letzen zwei Jahrzehnten seines Lebens längst vom Bildjournalisten zum Fotografen entwickelt. Wäre ihm wie anderen die Emigration gelungen, um die er sich 1938/39 vergeblich bemüht hatte, dann hätte er vielleicht sogar die internationale Bekanntheit von »Life«-Fotografen wie Alfred Eisenstaedt oder von Felix H. Man erreicht oder sich wie Youssuf Karsh, Irving Penn oder Richard Avedon zum Porträtisten kosmopolitischer Prominenz entwickelt. Aber es fällt schwer, wie Rolf Engelbart zurecht schrieb, sich einen international agierenden Fritz Eschen vorzustellen: »Berlin war sein Thema, wie es Chodowieckis und Gärtners, Zilles und Seidenstückers Thema war.« Nach dem Kriegsende ermöglichte ihm das Bleiben in Berlin einen eigenen Blick auf den Alltag dieser Stadt. Nicht als Besucher oder zurückkehrender Emigrant hat er sie fotografiert, sondern aus ihrer Mitte, mit Feingefühl, Kenntnis und Genauigkeit, wenn auch mit der spürbaren Distanz des lange Jahre Ausgeschlossenen.

Jens Bove

Lessing-Denkmal mit Blick auf den Reichstag und das Brandenburger Tor, Berlin-Tiergarten, 1947

In der Neuen Reichskanzlei in der Wilhelmstraße, Berlin-Mitte, 1947

Zwei amerikanische Studentinnen auf einem Balkon der Neuen Reichskanzlei in der Wilhelmstraße, Berlin-Mitte, 1947

Baum an der Kreuzung Kurfürstenstraße/Einemstraße mit Straßenschildern in russischer Sprache, Berlin-Tiergarten, 1945

Tauentzienstraße mit Blick zur Kaiser-Wilhelm-Gedächtniskirche, Berlin-Charlottenburg, 1945

U-Bahnhof Stadtpark (heute: Rathaus Schöneberg), Berlin-Schöneberg, 1946

Ruine des Rathauses, Berlin-Wilmersdorf, 1945

Junge Frau im Gespräch mit einem Heimkehrer auf dem Lehrter Bahnhof, Berlin-Tiergarten, August 1945

Zerstörtes Geschütz und Ruinen an der Kreuzung Düsseldorfer Straße/Sächsische Straße, Berlin-Wilmersdorf, um 1946

Fähre auf den Landwehrkanal, im Hintergrund die Hochbahnanlage der U-Bahn und der Anhalter Bahnhof, Berlin-Kreuzberg, um 1946

Blick über die zerstörte Hansabrücke und durch die Altonaer Straße zum Großen Stern, Berlin-Tiergarten, August 1945

U-Bahnhof Nollendorfplatz, Berlin-Schöneberg, 1945

Hochbunker am Bahnhof Zoo ein Jahr vor seiner Sprengung, Berlin-Tiergarten, 1947

Reisende auf einem Bahnsteig, um 1946

Flüchtlinge auf dem Lehrter Bahnhof, Berlin-Tiergarten, August 1945

Rot-Kreuz-Schwestern im Gespräch mit Flüchtlingen auf dem Lehrter Bahnhof, Berlin-Tiergarten, August 1945

Plakatierung zur Wiedereröffnung der Deutschen Staatsoper am 23. August 1945

Zwei junge Frauen bei der Zeitungslektüre, Dezember 1945

Entlassene Kriegsgefangene auf dem Lehrter Bahnhof, Berlin-Tiergarten, August 1945

Paar auf dem Fahrrad, Sommer 1945

Aushang von Tauschangeboten und anderen Annoncen, August 1945

Schulkinder balancieren auf den Schienen einer Trümmerbahn, um 1946

An der Grenze zum amerikanischen Sektor, August 1945

Streife der amerikanischen Militärpolizei, 1946

Chauffeur der britischen Militärregierung, November 1945

Vertreter der britischen Militärregierung, Berlin-Wilmersdorf, November 1945

Auf der Suche nach Nahrung in den Abfällen der amerikanischen Besatzungsarmee, 1947

Blick von der Fischerinsel auf die Ruinenlandschaft um das Rote Rathaus, Berlin-Mitte 1945

Enttrümmerung an der Friedrich-Wilhelm-Universität (später: Humboldt-Universität), Berlin-Mitte, 1946

Enttrümmerung an der Friedrich-Wilhelm-Universität (später Humboldt-Universität), Berlin-Mitte, Juli 1946

Im Schlüterhof des Stadtschlosses, Berlin-Mitte, 1946

Empfangsgebäude des S-Bahnhofs Halensee mit Blick auf den Kurfürstendamm, Berlin-Wilmersdorf, 1946

Fahrkartenverkäuferin, 1946

Reichsbahnausbesserungswerk Berlin-Tempelhof, etwa 1946

Reichsbahnausbesserungswerk Berlin-Tempelhof, etwa 1946

Wartende Reisende vor den Fahrkartenschaltern am Anhalter Bahnhof, Berlin-Kreuzberg, um 1946

Frauen beim Umladen von Briketts für die Lokomotivbekohlung, Anhalter Bahnhof, Berlin-Kreuzberg, 1946

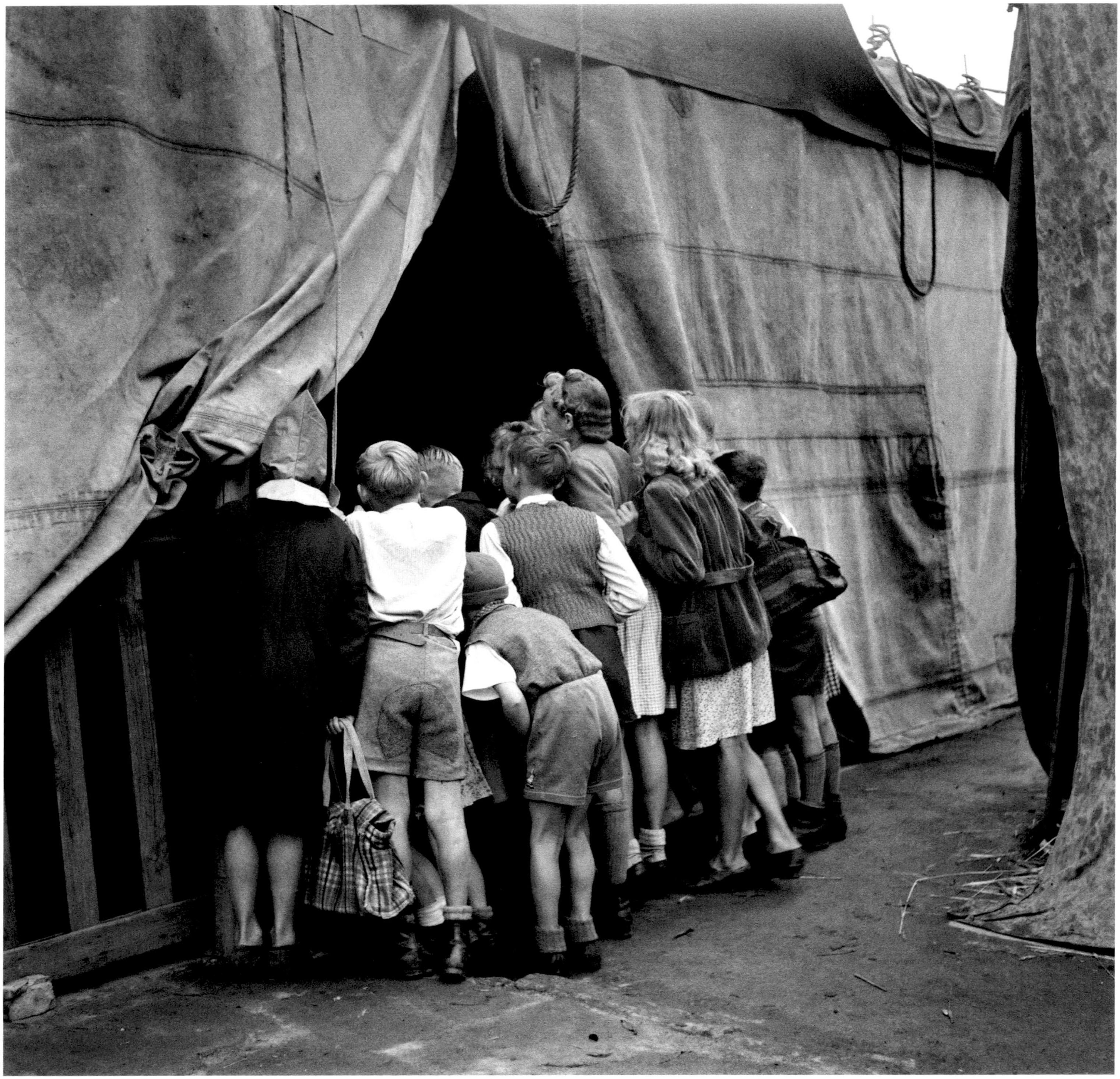

Besucher der Tierschau des Zirkus Blumenfeld, Berlin-Tempelhof, 1946

Mitglieder des Zirkus Bender mit Pony auf einer Straße, um 1947

Bei den Elefanten des Zirkus Blumenfeld, Berlin-Tempelhof, 1946

Wagen des Zirkus Blumenfeld, Berlin-Tempelhof, 1946

Straßenmusiker mit Feldharmonium am Bahnhof Zoologischer Garten, Berlin-Charlottenburg, 1947

Auf dem Rummel im Volkspark Wilmersdorf, 1946

Paßkontrolle durch einen Vertreter der alliierten Streitkräfte, um 1946

Streife der alliierten Streitkräfte vor der Ruine der Gasthausbrauerei Aschinger, Kurfürstendamm, Berlin-Charlottenburg 1946

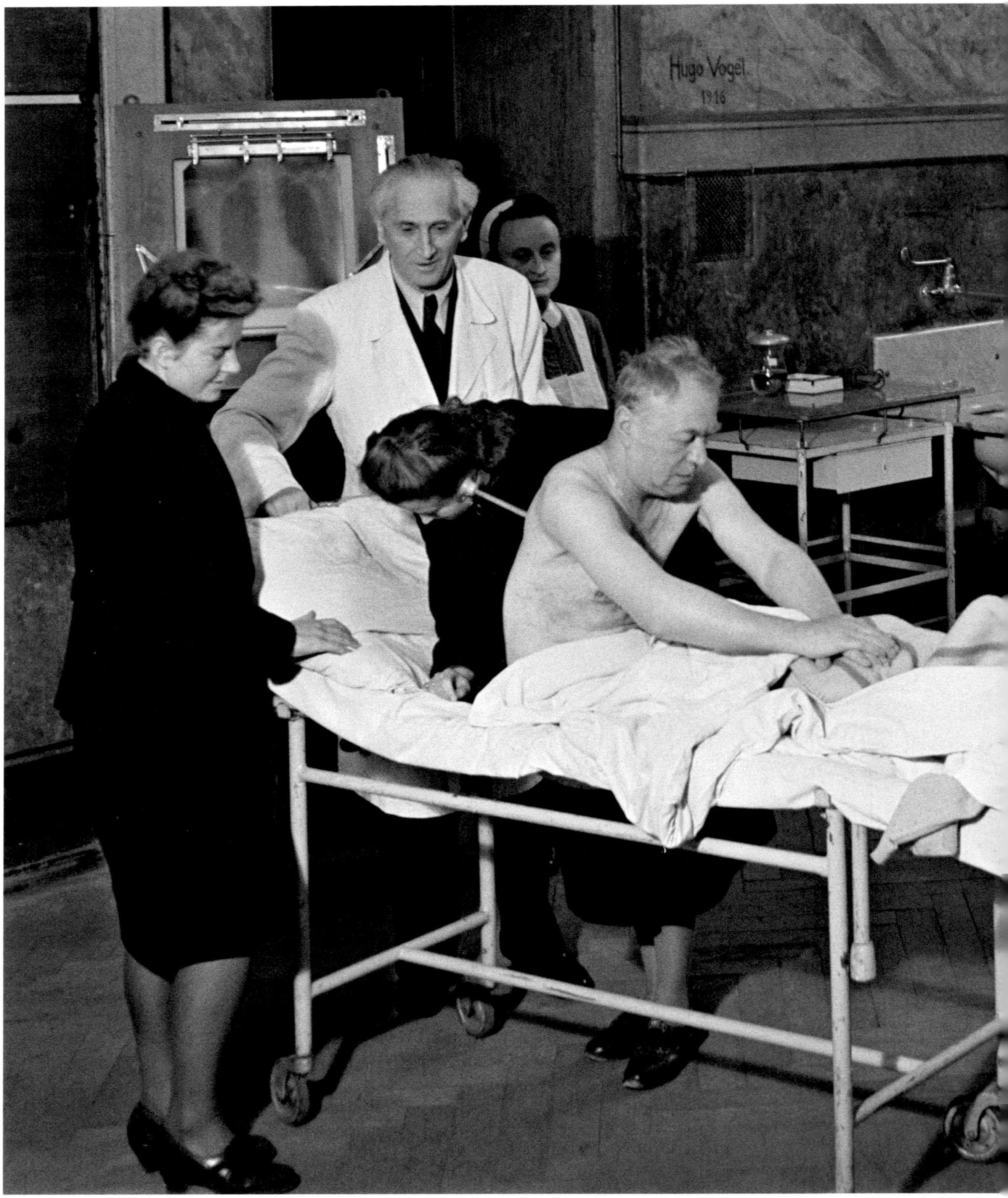

Untersuchung eines Patienten unter Leitung von Theodor Brugsch im Hörsaal der Charite, Berlin-Mitte, 1946

Charite, Waschraum in der Waschanstalt, Berlin-Mitte, 1946

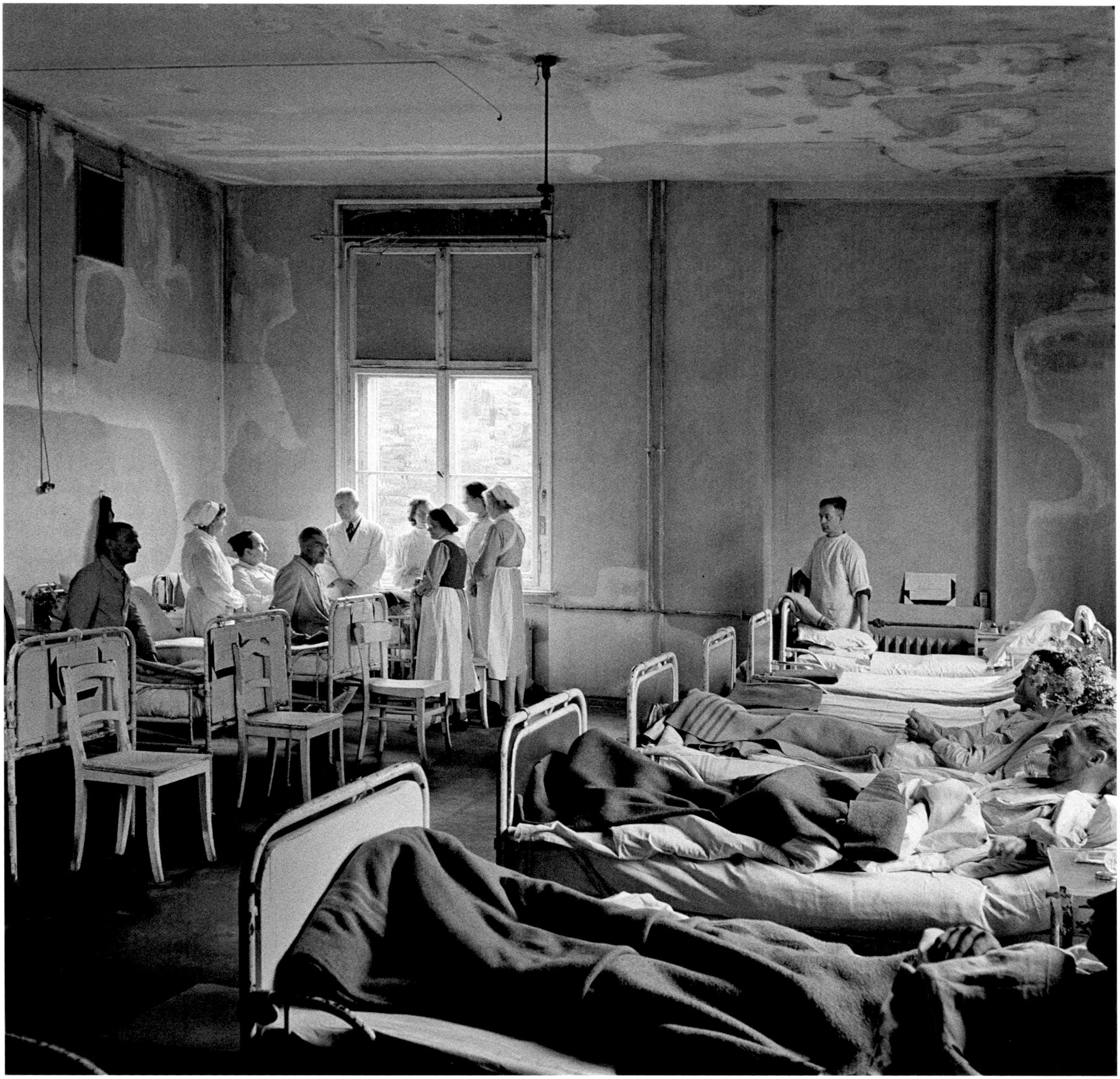

Charité, Krankensaal während einer Visite, Berlin-Mitte, 1946

Charite, Brotanlieferung, Berlin-Mitte, 1946

Charité, Arbeiten am Notstromaggregat, Berlin-Mitte, um 1946

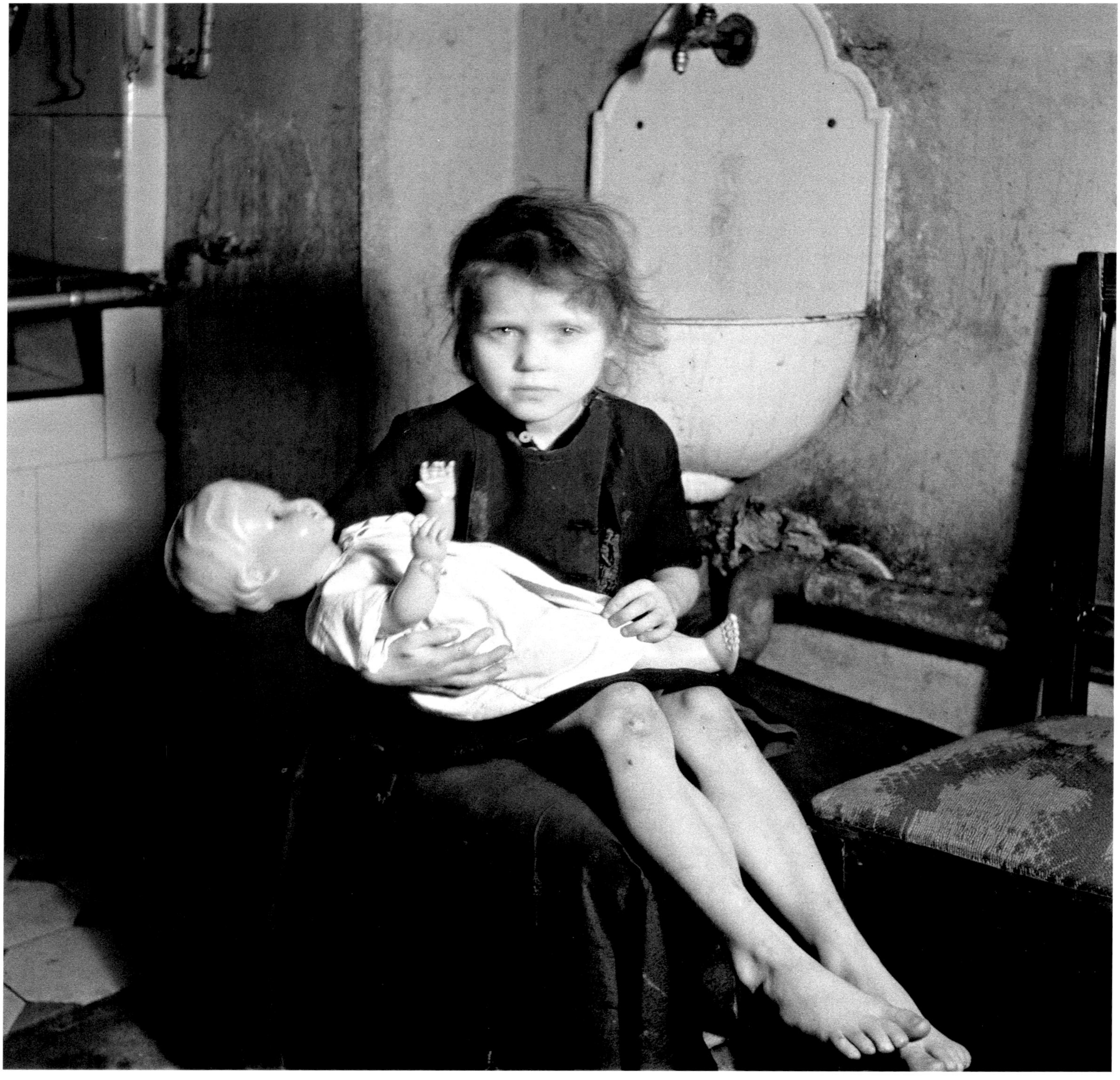

Kind einer Arbeiterfamilie, Berlin-Prenzlauer Berg, 1947

Klassenzimmer einer Schule, Lehrerin und Schülerinnen begutachten einen Wintermantel, 1946

Mutter und Tochter einer Arbeiterfamilie bei Handarbeiten, Berlin-Prenzlauer Berg, 1947

Kinder einer Berliner Arbeiterfamilie, Berlin-Prenzlauer Berg, 1947

Jüdischer Auswanderer im Gespräch mit einem Mitarbeiter der Hebrew Immigrant Aid Society of America (HIAS), 1946

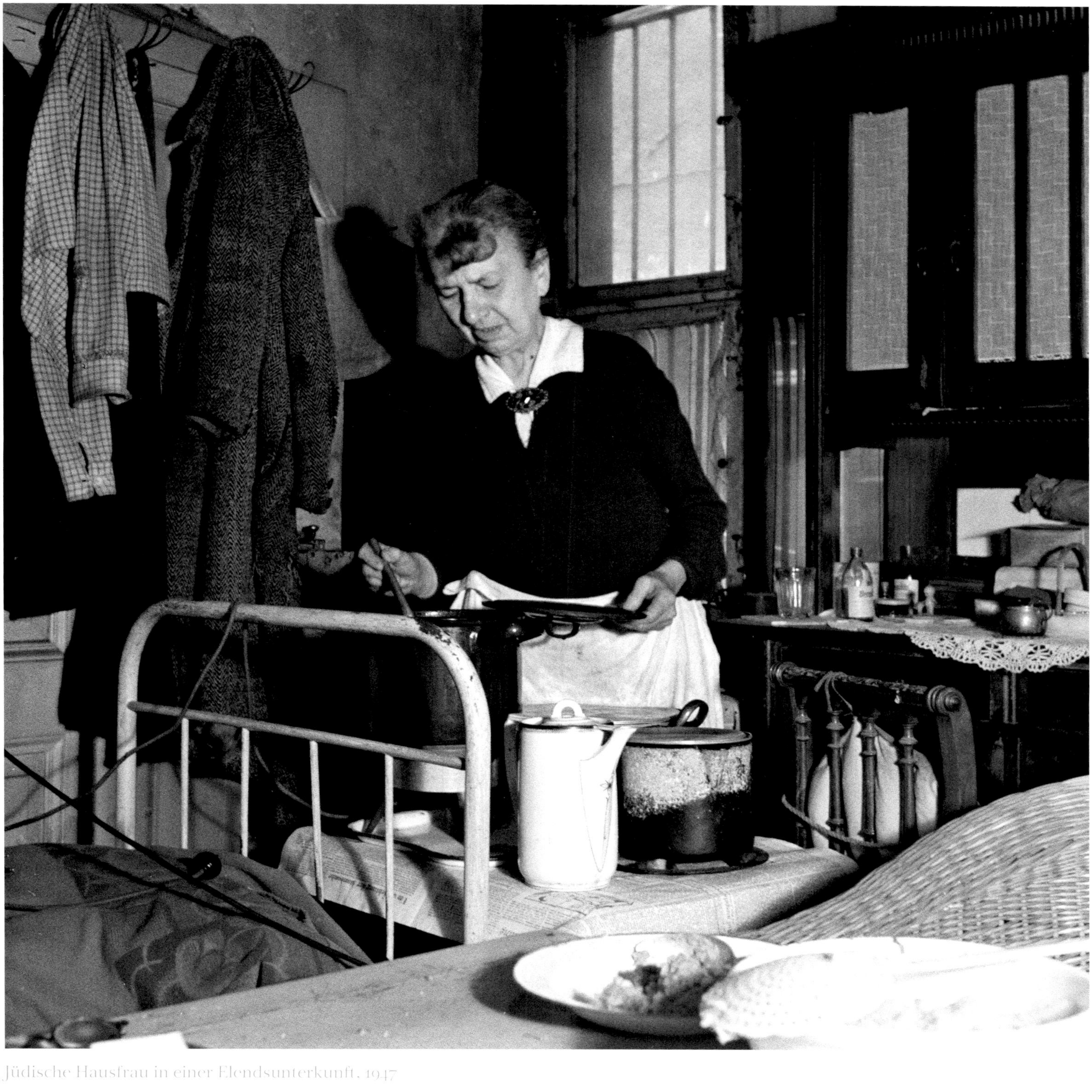

Jüdische Hausfrau in einer Elendsunterkunft, 1947

Seifenblasen, o. J.

Schaufenster eines Spielzeugladens, Berlin-Wilmersdorf, 1947

An der Pumpe, um 1947

Arbeitspause, 1947

Kantstraße Ecke Joachimstaler Straße, Berlin-Charlottenburg, 1948

Kant St.

Strickende Frau, 1947

Schuhputzer am Potsdamer Platz, Berlin-Mitte, 1947

Verkaufsstand für Schlagcreme, 1948

Glaser bei der Arbeit vor seiner Werkstatt, Berlin, um 1946

Junge Frau, 1948

Kinder sammeln Brennmaterial in einer Ruine, 1948

Mädchen und Junge mit Roller vor einer Litfaßsäule, um 1947

Arbeiterkinder, 1947

Blick zur Siegessäule, Berlin-Tiergarten, 1947

Kartoffelfeld auf dem Gelände des abgeholzten Tiergartens, im Hintergrund das Brandenburger Tor, Berlin-Tiergarten, 1947

Zwei junge Frauen auf Banksockeln im Gespräch, 1948

Spielende Kinder am Brandenburger Tor, Berlin-Tiergarten, 1948

Tagung des 2. Deutschen Volkskongresses im Schauspielhaus am Gendarmenmarkt, Berlin-Mitte, 1948

RESTITVIT MDCCCXXI
E DEUTSCHE VOLKSREPUBLIK
AS WERK VOLLENDEN

Der Direktor der Nationalgalerie Ludwig Justi und seine Mitarbeiter bei einer Dienstbesprechung, Berlin-Mitte, 1947

Depot der Nationalgalerie in Berlin, Berlin-Mitte, 1947

Kapitell mit Einschußlöchern, Pergamon-Museum, Berlin-Mitte, 1945

Markttor von Milet im Pergamon-Museum, Berlin-Mitte, 1945

Karl Hofer, Maler, Leiter der Hochschule für Bildende Künste, Berlin, 1946

Bernhard Heiliger vor dem Portal der Hochschule für Bildende Künste in der Kaiserallee (später Bundesallee), Berlin-Wilmersdorf, 1947

An der Litfaßsäule, 1946

Der Schriftsteller und Kabarettist Werner Finck, 1946

Der Theaterkritiker Friedrich Luft, 1950

Ambulanter Buchhändler, 1949

Erich Kästner mit den Darstellern seines Stückes »Emil und die Detektive« nach einer Aufführung am Metropoltheater, Berlin-Mitte, 1947

Jean-Paul Sartre anläßlich der Inszenierung seines Dramas »Die Fliegen« im Hebbel-Theater, Berlin-Kreuzberg, 1948

Schwarzmarkt am Bahnhof Zoo, Berlin-Charlottenburg, 1947

Dr. E. Kuhlmann
Parfümerie

Berliner und US-Amerikaner vor dem Eingang zum Tausch-Ring (»Barter Exchange«), Clay-Allee, Berlin-Zehlendorf, 1947

Schwarzmarkt an der Kaiser-Wilhelm-Gedächtniskirche, Hardenbergstraße, Berlin-Charlottenburg, 1948

Verordnete Ladenschließung während der Währungsreform, 1948

In einer Geldausgabestelle während der Währungsreform, 1948

»Rosinenbomber« während der Berlin-Blockade, 1948

An einem Zeitungskiosk während der Berlin-Blockade, 1947

Verteilung von Care-Paketen über den »Rundfunk im amerikanischen Sektor« (RIAS), 1948

Verteilung einer Schuhspende aus den USA, 1948

Britische Militärstreife im Kübelwagen, Berlin-Schöneberg, 1948

LOY / DANA ANDREWS

Ansprache von Ernst Reuter, regierender Bürgermeister von Westberlin, vom Balkon des Rathaus Schöneberg, Berlin-Schöneberg, 1949

Großkundgebung zur Aufhebung der Berlin-Blockade vor dem Rathaus Schöneberg, Berlin-Schöneberg, 1949

Besucherandrang zu einem Film über die Hochzeit der englischen Königin Elisabeth II., Berlin-Charlottenburg, 1948

Kassenraum im Titania-Palast, Berlin-Steglitz, 1949

Notunterkünfte (»Nissen-Häuser«) am S-Bahnhof Hohenzollerndamm, Berlin-Wilmersdorf, 1948

Gruppenschlafraum im Flüchtlingsheim in der Landshuter Straße, Berlin-Schöneberg, 1952

Straßenverkauf von eingelegten Gurken, 1950

In einer Wechselstube, 1950

Vor dem Revue-Theater »Scala«, Berlin-Schöneberg, 1948

Hardenbergplatz am Bahnhof Zoo, Berlin-Charlottenburg, 1949

Frauen wehren sich gegen drohende Arbeitslosigkeit, 1949

Ambulanter Scheren- und Messerschleifer, 1940

Kurfürstendamm Ecke Uhlandstraße, Berlin-Charlottenburg, 1940

Die Schnell Anzeige
Photo-Treff
H.-ANZEIGEN
D.-ANZEIGEN

Rauchpause, 1949

Straßenmusikanten, 1949

Lesender, um 1947

Mädchen mit Puppenwagen, um 1947

Bestückung eines Zigarettenautomaten, 1950

Jugendliche vor einer Haustür, 1952

Friseursalon mit der Aufforderung, nicht zu den preiswerteren Friseuren im Ostteil der Stadt abzuwandern, 1950

Demonstration gegen Schwarzarbeit, 1951

Schulkinder während der Essenausgabe, Berlin-Wilmersdorf, 1950

Schulklasse während des Mathematikunterrichts, Berlin-Wilmersdorf, 1950

Bildgießer der Bildgießerei Noack, Berlin-Friedenau, um 1955

Lehrling der Bildgießerei Noack, Berlin-Friedenau, um 1955

Martin-Luther-Straße, Berlin-Schöneberg, 1949

Isolierung des unter sowjetischer Hoheit stehenden Funkhauses in der Masurenallee durch einen britischen Soldaten, Berlin-Charlottenburg, 1952

Auf dem Spielplatz vor der Emmauskirche, Berlin-Kreuzberg, 1951

Im Restaurant »Zum Alten Schweden«, Berlin-Steglitz, 1950

Titania-Palast, Berlin-Steglitz, 1955

Im Restaurant »Zum alten Schweden«, Berlin-Steglitz, 1950

Friedrichstraße, Berlin-Mitte, 1951

Tauentzienstraße mit Blick zur Kaiser-Wilhelm-Gedächtniskirche, Berlin-Charlottenburg, 1950

Kurfürstendamm Ecke Uhlandstraße, Berlin-Charlottenburg, 1950

Verlosung von Präsentkörben, 1950

Restaurant und Feinkostladen Kempinski, Berlin-Charlottenburg, 1953

Burggrafenstraße, Berlin-Tiergarten, 1953

Kohlenträger, 1952

Kohlenträger, 1952

Zeitungsverkäufer mit aktuellen Meldungen zur Krise des DDR-Regierung im Vorfeld des 17. Juni, Berlin, 1953

Der Regierende Bürgermeister Ernst Reuter bei einer Ansprache, nach 1948

Christa Fries, Sprecherin beim Rundfunk im amerikanischen Sektor (RIAS), 1949

Gerhard Heydebreck, Reporter beim Rundfunk im amerikanischen Sektor (RIAS), um 1949

Melvin J. Lasky, Publizist, amerikanischer Kulturoffizier in Berlin, Herausgeber der Zeitschrift »Der Monat«, 1948

Gottfried Benn, Schriftsteller, 1956

Straßenecke, Berlin-Kreuzberg, um 1955

Hans Scharoun, Architekt, Stadtbaurat, 1957

Im Strandbad am Groß Glienicker See, Berlin-Kladow, 1954

Auf der Freybrücke in Berlin-Spandau, 1953

Ein Schutzpolizist gibt Auskunft, um 1952

Himmelfahrtausflug, 1951

Am Fuß der Siegessäule am Großen Stern, Berlin-Tiergarten, 1950

Blick von der Siegessäule zum Brandenburger Tor und zum Reichstag, Berlin-Tiergarten, 1950

Schutzpolizist am Brandenburger Tor, Berlin-Tiergarten, um 1955

BIOGRAPHISCHES

Geboren am 19. Januar 1900 in Berlin als Sohn des jüdischen Kaufmanns Leopold Eschen (gest. 1914) und seiner Frau Therese (gest. 1923). 1906–1918 Schulzeit in Berlin (Königstädtisches Gymnasium). 1918 Einberufung als Funker, Schulabgang ohne Abitur. Ab 1919 Ausbildung und Berufstätigkeit als kaufmännischer Angestellter bei der Pomosin-Werke GmbH. Um 1927/1928 Heirat mit der jüdischen Unternehmertochter Rose Salomon; Eschen wird Juniorchef in der Firma seines Schwiegervaters, der Berliner Privat-Telefon-Gesellschaft (PRITEG); daneben Beginn amateurfotografischer Tätigkeit. Ab 1929 freiberuflicher Bildreporter; zahlreiche Publikationen in Zeitungen und Zeitschriften.

1933 Heirat mit Lipsy Thumm; Ausschluß aus dem Reichsverband der Deutschen Presse, damit de facto Berufsverbot als Pressefotograf. Bis 1934/1935 zunächst noch journalistische Arbeit, u.a. durch Aufträge der amerikanischen Nachrichtenagentur Associated Press. Überwiegend ältere Aufnahmen erscheinen bis um 1939 in verschiedenen Publikationen. 1934 Eintragung in die Handwerksrolle als »Inhaber eines Photographen-Betriebs«. Als nichtjournalistisch tätiger Fotograf darf Eschen noch bis 1941 Bilder veröffentlichen, u.a. im Bildkalender der Reichsbahn. 1936–1938 Lehrtätigkeit an der Jüdischen Hochschule Potsdam. 1938/1939 erteilt Eschen Fotografie-Unterricht für Juden, die sich auf ihre Emigration vorbereiten; ein Antrag auf Einwanderungsvisa für die USA wird abgelehnt. 1940/1941 Dozent bei der Jüdischen Gemeinde zu Berlin. Ab 1941 Zwangsarbeit für die Firma Marcus-Metallbau in Berlin, später für die Reichsbahn auf dem Lehrter Bahnhof; die »privilegierte Mischehe« mit Lipsy Thumm bewahrt Eschen vor der Deportation. Eschens erste Frau Rose und der gemeinsame Sohn Peter (geb. 1931) werden am 9. Dezember 1942 nach Auschwitz deportiert und vermutlich dort ermordet. Im Zuge der sogenannten Fabrikaktion vom 27. Februar 1943 wird Eschen verhaftet, aber nach öffentlichem Protesten von Angehörigen wieder entlassen. Lipsy und die Kinder Thomas (1935–1944) und Klaus Eschen (geb. 1939) werden nach Ostpreußen, später ins Glatzer Bergland evakuiert. Eschen muß weiterhin Zwangsarbeit in Berlin leisten, kann aber seine Familie besuchen.

Nach der Befreiung Wiederaufnahme der Arbeit als Fotograf. Wohnung, Archiv und Ausrüstung sind unbeschädigt. Neben Erinnerungsfotos für alliierte Soldaten entstehen bildjournalistische Arbeiten für nahezu alle in Berlin erscheinenden Zeitungen und Zeitschriften. 1946 Vorsitzender der zonenübergreifenden »Arbeitsgemeinschaft der Bildreporter« im Verband der Deutschen Presse. 1948 Publikation des ersten Bildbandes. 1952–1954 Bildredakteur bei der »Neuen Zeitung«. Ab 1954 Herausgeber des »Berlin-Kalender«. Aus den ersten drei Kalendern entsteht 1956 das Buch »Junges altes Berlin«, das über viele Jahre in zahlreichen neuen, teils stark veränderten Auflagen erscheint. Ab 1955 Arbeit als Co-Autor an drei Bänden »Kunstpädagogische Anregungen«. Ab 1956 Publikation zahlreicher Bildbände. Gestorben am 19. September 1964 in Melk an der Donau während einer Aufnahmereise.

Bis zur Übernahme seines Archivs durch die Deutsche Fotothek (damals der Deutschen Staatsbibliothek in Ost-Berlin angegliedert, heute zur Sächsischen Landesbibliothek – Staats- und Universitätsbibliothek Dresden gehörend) im Jahr 1973 wird der Nachlaß von seinem Sohn, dem Rechtsanwalt Klaus Eschen gepflegt. Das Archiv umfaßt rund 90.000 Aufnahmen, überwiegend im Mittelformat.

Selbstporträt, 1960

PUBLIKATIONEN

Fotoabdrucke in Zeitschriften

Basler Illustrierte Zeitung, Berlin hört und sieht, Berliner Illustrierte Woche, Berlin im Bild, Beyers für alle, Bild-Courier (Illustrierte Beilage zum Berliner Börsen-Courier), Deutsche Flugillustrierte, Deutsche Illustrierte, Der Deutsche Rundfunk, Die Evangelische Welt, Der Feuerreiter, Frankfurter Allgemeine Zeitung, Funk-Stunde (häufig), Funk-Woche (häufig), Die Gartenlaube, Gemeindeblatt der Jüdischen Gemeinde Berlin, Hamburger Illustrierte, Hör mit mir, HörZu (häufig), Der Illustrierte Telegraf (Beilage), Illustrierter Beobachter, Kölnische Illustrierte Zeitung, Die Koralle, Der Kurier, Leipziger Illustrierte Zeitung, Münchner Illustrierte Presse, Neue Berliner Illustrierte, Neue Jugend, Neue Schule, Die Neue Zeitung (häufig), Reclams Universum, Rundfunk-Rundschau (häufig), Schlesische Funkstunde, Die Sendung, Sieben Tage, Der Tagesspiegel, Der Telegraf, Die Weite Welt, Die Welt, Welt und Haus, Zeitbilder (Beilage zur Vossischen Zeitung), Weltspiegel.

Aufsätze und Buchpublikationen

Fritz Eschen: Hie Kamera, hie Zeichenstift. In: Foto-Beobachter, 7. Jg., 1937, Nr. 9, S. 239–243.

Fritz Eschen: Bildreporter in Berlin. In: Foto-Spiegel, 1. Jg., 1947, Nr. 1, S. 22–23.

Fritz Eschen: Ich fotografiere Menschen gern. In: Foto-Spiegel, 1. Jg., 1947, Nr. 2, S. 15.

Fritz Eschen: Nächtliche Entdeckungsreisen. In: Foto-Spiegel, 2. Jg., 1948, Nr. 5/6, S. 17–19.

Fritz Eschen: ... so sah ich Potsdam. Mit einem Beitrag von Mario Krammer, Berlin: Minerva, 1948.

Fritz Eschen: Sind Bildreporter Fotografen oder Journalisten? In: Foto-Spiegel, 2. Jg., 1948, Nr. 9, S. 20–21.

Fritz Eschen: Ist Fotografie wirkliche Kunst? In: Bildende Kunst, 3. Jg., 1949, Nr. 3, S. 70.

Franz Tumler: Berlin. Geist und Gesicht. Mit Photographien von Fritz Eschen, München: Constantin, 1953.

Georg Netzband und Fritz Eschen: Kunstpädagogische Anregungen. Ein Beitrag zur Praxis der bildnerischen Erziehung an allgemeinbildenden Schulen. Band 1–3. Göttingen, Frankfurt, Berlin: Musterschmidt, 1955 ff.

Fritz Eschen: Junges altes Berlin. Ein Bildwerk mit 64 Fotos aus dem neuen und alten Berlin. Vorwort von Georg Zivier, Berlin: Stapp, 1956 [zahlreiche weitere, teils stark veränderte Auflagen].

Fritz Eschen: Köpfe. Hundert Porträtaufnahmen. Einleitung und Bildtexte von Friedrich Luft, Berlin: Ullstein, 1956.

Fritz Eschen: Liebes altes Potsdam. 74 Aufnahmen. Mit Beitrag »Potsdam als Kulturgedanke« von Mario Krammer, Berlin: Arani, 1956.

Berlin. Hrsg. vom Senator für Bau- und Wohnungswesen in Zusammenarbeit mit dem Presse- und Informationsamt des Landes Berlin. Mit Texten von Karin Niehoff, Berlin 1956 [Hauptbildautor].

Fritz Eschen: Sommerfahrt zum Bodensee, Konstanz: Seehasen Verlag, und Berlin: Stapp, 1957.
Fritz Eschen: Junges altes Berlin. Ein Bildwerk mit 148 Aufnahmen aus dem neuen und alten Berlin. Eingeleitet von Friedrich Luft. Berlin: Stapp, 1959 [»Großband«, zahlreiche weitere Auflagen].
Fritz Eschen: Camera in meiner Hand. 120 Aufnahmen. Mit einem Vorwort von Paul Ronge, Berlin: Arani, 1959.
Fritz Eschen: Köpfe der Forschung an Rhein und Ruhr. Die Mitglieder der Arbeitsgemeinschaft für Forschung des Landes Nordrhein-Westfalen. Mit einem Vorwort des Ministerpräsidenten Fritz Steinhoff, Dortmund: Arday, 1959.
Max Picard: Das letzte Antlitz. Totenmasken von Shakespeare bis Nietzsche. Mit 32 Bildtafeln nach Aufnahmen von Fritz Eschen, München: Knorr und Hirth, 1959.
Fritz Eschen: Unvergessenes Potsdam. Mit einem Vorwort von Hans Joachim Schoeps. Bildtexte von Erich Boehl, Berlin: Haude und Spener, 1963.
Fritz Eschen: Das letzte Porträt. Totenmasken berühmter Persönlichkeiten aus Geschichte und Gegenwart. Mit einer Einführung von Karl Jaspers und einem kulturhistorischen Beitrag von Karl-Heinz Schreyl, Berlin: Haude und Spener, 1967.
Fritz Eschen: Photographien. Berlin 1945–1950. Mit Texten von Klaus Eschen und Janos Frecot, Berlin: Nicolai, 1989.
Fritz Eschen: Frühe Fotos aus der Freien Universität. Mit einem Essay von Klaus Eschen. Hrsg. von der Presse- und Informationsstelle der Freien Universität Berlin, Berlin: Freie Universität, 1996.
Janos Frecot: Kamera-Geschichten. Fritz Eschen 1930–1950. Mit einem Vorwort von Klaus Eschen, Berlin/Tübingen: Wasmuth, 2001.
Fritz Eschen: Berlin unterm Notdach. Fotografien 1945–1955. Herausgegeben von Mathias Bertram und Jens Bove im Auftrag der Deutschen Fotothek, Leipzig: Lehmstedt, 2010.
Fritz Eschen: Köpfe des Jahrhunderts. Fotografien 1930–1964. Herausgegeben von Mathias Bertram und Jens Bove im Auftrag der Deutschen Fotothek, Leipzig: Lehmstedt, 2010 (in Vorbereitung).

Literatur

Annemarie Schmidt: Door het oog van de Lens. Een persfotograaf over filmsterren, in: De Hollandsche Revue, 1932, Nr. 13, S. 561–563.
Friedrich Luft: Porträtist mit der Kamera. Bemerkungen zur künstlerischen Arbeit des Fotografen Fritz Eschen, in: Westermanns Monatshefte, 97. Jg., 1956, Heft 4, S. 20–25.
N.N.: Fritz Eschen 60 Jahre alt, in: Der Journalist, 10. Jg., 1960, Nr. 2.
Aufbaujahre. 3 Fotografen. Fritz Eschen, F.C. Gundlach, Otto Borutta. Bearbeitet von Janos Frecot und Helmut Geisert, Berlin: Berlinische Galerie, 1985.
Rolf Engelbart: Der Berliner Fotograf und Bildpublizist Fritz Eschen (1900–1964). Magisterarbeit FU Berlin, unpubliziert, Berlin 2004.

Schlafender amerikanischer Soldat, 1954